글쓴이 배부성
초등학교 교장을 지냈으며, 아동문학가입니다. 월간문학상, 한국아동문학 작가상, 교육부 장관상 등을 받았습니다. 작품으로는 〈소라와 화가 아저씨〉, 〈건반 속의 메아리〉, 〈날아가 새들아 푸른 하늘은〉, 〈삐뚤삐뚤한 일기장〉 등이 있습니다.

그린이 최현주
일러스트레이션을 전공했으며, 프리랜스 일러스트레이터입니다. 작품으로는 〈악어와 살아요〉, 〈I'm Teddy〉, 〈숲속의 두더지 재단사〉, 〈sunny and monny〉 등이 있습니다.

펴낸이 김준석 **펴낸곳** 교연미디어 **편집 책임** 이영규 **리라이팅** 이주혜 **디자인** 이유나 **출판등록** 제2022-000080호 **발행일** 2023년 2월 15일
주소 서울시 관악구 법원단지 16길 18 B동 304호(신림동) **전화** 010-2002-1570 **팩스** 050-4079-1570 **이메일** gyoyeonmedia@naver.com

*이 책에 실린 글과 그림의 무단 복제 및 전재를 금합니다.

【과학과 문명을 발달시킨 위인들】

퀴리 부인
-라듐 발견 이야기-

배부성 글 | 최현주 그림

폴란드

"*마냐, 이제 그만 방으로 돌아가렴."
엄마가 마냐에게 말했어요.
'엄마는 왜 날 다정하게
안아 주시지 않는 걸까?'
마냐는 입술을 삐죽이며
자기 방으로 돌아갔어요.
사실 마냐의 엄마는
*폐결핵을 앓고 있었어요.
마냐가 슬퍼할까 봐 그 사실을
숨기고 있었던 것이랍니다.

*마냐는 퀴리 부인의 어릴 적 이름이에요.
*폐결핵은 폐에 결핵균이 들어와 생기는 전염병이에요.

"마냐, 아빠랑 실험 기구 보러 갈까?"
아빠가 마냐를 달래며 물었어요.
"네, 좋아요!"
마냐는 금방 기분이 좋아져서 깡충깡충 뛰었어요.
마냐의 아빠는 물리학을 가르치는 선생님이었어요.
아빠의 방에는 다양한 실험 기구가 놓여 있었지요.
"아빠, 이건 어떻게 사용하는 거예요?"
호기심이 많았던 마냐는 아빠와 함께
실험 기구 보는 것을 좋아했답니다.

또한 마냐는 기억력이 좋아 한번 배운 것은
절대로 잊어버리지 않았어요.
하루는 마냐의 언니가 동화책을 읽고 있었어요.
"옛, 옛날 어, 어느 마을에……."
아직 어렸던 언니는 더듬더듬 책을 읽어 나갔어요.
그러자 옆에서 보고 있던 마냐가
또박또박 책을 읽는 게 아니겠어요?
"옛날 어느 마을에 한 소녀가 살고 있었습니다."
아빠는 이런 마냐를 흐뭇한 표정으로 바라보았답니다.

한편, 마냐의 나라 폴란드는
러시아의 지배를 받고 있었어요.
선생님은 아이들에게 몰래
폴란드 말을 가르치곤 했지요.
그러던 어느 날, 수업 중에 갑자기 벨이 울렸어요.
"딩동딩동!"
러시아 장학관이 왔다는 신호였지요.
아이들은 재빨리 폴란드 말로 된 책을 숨겼어요.
곧이어 러시아 장학관이 교실로 들어와 물었어요.
"지금 폴란드를 다스리는 사람은 누구지?"
"러시아 황제인 알렉산드르 2세입니다."
마냐는 러시아 말로 척척 대답했어요.
"그래, 참 잘했다."
마냐 덕분에 선생님과 아이들은
위기를 무사히 넘길 수 있었답니다.

어느덧 고등학교 졸업식 날이 되었어요.
"오늘 졸업식에서 금메달은 누가 받을까?"
"글쎄, 역시 마냐가 아닐까?"
아이들은 저마다 수군거렸어요.
"올해 금메달을 받을 졸업생은 마리아입니다."
예상대로 마냐가 금메달을 받았어요.
"와아! 축하해, 마냐."
친구들은 짝짝짝 박수를 보내며
마냐를 축하해 주었답니다.

이후 마냐는 파리에 있는 대학에 들어갔어요.
이름도 '마리'로 바꾸었지요.
마리는 몸을 돌보지 않고 열심히 공부했어요.
그러다가 결국 쓰러지고 말았지요.
소식을 들은 언니와 *형부가 마리를 찾아왔어요.
"마리, 건강도 챙기면서 공부를 해야지."
언니는 마리를 정성스럽게 돌봐 주었어요.
덕분에 마리는 뛰어난 성적으로
대학을 졸업할 수 있었답니다.

*형부는 언니의 남편이에요.

그 무렵 마리는 피에르 퀴리를 만나게 되었어요.
"마리, 당신은 분명히
훌륭한 과학자가 될 수 있을 거요."
마리의 재능을 알아본 피에르는
마리가 열심히 공부할 수 있도록
격려와 지원을 아끼지 않았어요.
"고마워요, 피에르."
마리는 자신을 믿고 지지해 주는
피에르를 좋아하게 되었어요.

어느새 두 사람은 사랑하는 사이가 되었어요.
"마리, 나와 결혼해 주세요."
"좋아요, 피에르."
두 사람은 가족의 축복을 받으며 결혼식을 올렸어요.
이렇게 해서 마리는 퀴리 부인이 되었답니다.

결혼 후에도 퀴리 부인은
남편 피에르와 함께 연구에 *몰두했어요.
그러던 어느 날이었어요.
"피에르, 이것 좀 보세요.
우라늄보다 강한 빛을 내는
방사능 물질이 있어요."
"그게 정말이오? 대단한 발견을 했구려."

*몰두하다는 정신이나 관심을 기울여 열중하는 거예요.

"마리, 이것을 무엇이라고 부르면 좋겠소?"
피에르가 퀴리 부인에게 물었어요.
"내 조국 폴란드의 이름을 따서
'폴로늄'이라고 부를래요."
이후 퀴리 부인은 연구를 계속하여
더욱 강한 방사선을 내보내는 물질을 발견했어요.
어두운 곳에서 푸른빛을 내는 이 물질에는
'*라듐'이라는 이름을 붙였답니다.

* '라듐'은 '빛을 발산하다'라는 뜻의 라틴어 'Radius'에서 유래하였어요.

이러한 공을 인정받아 퀴리 부부는
노벨 물리학상을 받게 되었어요.
"우리가 노벨상을 받게 되다니 꿈만 같아요."
"나도 그렇소."
퀴리 부부는 무척 기뻐했답니다.

어느 날, 피에르가 갑작스런 사고로
세상을 떠나고 말았어요.
"여보, 흑흑흑……."
퀴리 부인은 무척 괴로웠지만
남편을 잃은 슬픔을 *극복하고
더욱 연구에 집중했어요.
그 결과 순수 라듐을 *분리해 낸 공로로
노벨 화학상을 받았어요.
이렇듯 퀴리 부인은 노벨상을 두 번이나 받으며
세계적인 과학자로서 이름을 남겼답니다.

*극복은 어렵고 힘든 상황을 이겨내는 거예요.
*분리는 서로 나뉘어 떨어지는 거예요.

퀴리 부인

따라잡기

1867년	폴란드 바르샤바에서 태어났어요.
1891년	파리의 소르본 대학교에 입학하여 수학과 물리학을 전공하였어요.
1895년	과학자 피에르 퀴리와 결혼하였어요.
1898년	폴로늄과 라듐을 발견하였어요.
1903년	피에르 퀴리와 함께 노벨 물리학상을 받았어요.
1906년	피에르 퀴리가 교통사고로 사망하였어요.
	피에르 퀴리가 근무하던 소르본 대학교에서 학생들을 가르쳤어요.
1911년	순수 라듐을 분리해 낸 공로로 노벨 화학상을 받았어요.
1914년	제1차 세계대전 중, X선 사진 이용법을 개발하기 위해 힘썼어요.
1922년	방사성 물질의 화학적 성질과 이를 의학적으로 이용할 수 있는 방안을 연구했어요.
1934년	과도한 방사선에 피폭되어 골수암, 백혈병, 재생불량성빈혈 등으로 세상을 떠났어요.

퀴리 부인
연관검색

반복되었던 폴란드의 비극

폴란드의 빌라노프 궁전

폴란드는 16세기, 리투아니아와 합쳐져 유럽에서 가장 큰 영토를 이루었어요. 하지만 18세기 무렵부터 프로이센 왕국, 러시아 제국, 오스트리아(합스부르크 군주국)에 의해 여러 번 분할되어 지배당했답니다. 폴란드의 독립은 1918년 제1차 세계대전이 끝나면서 이루어졌어요. 1939년, 나치 독일과 소련 사이에 체결된 독일-소련 불가침 조약에 따라 또다시 분할되기도 했답니다.

퀴리 부인을 죽음에 이르게 한 백혈병

방사능은 라듐, 우라늄, 토륨, 폴로늄 등 원소의 원자핵이 무너져 내리면서 방사선을 내보내는 것이에요. 방사선은 방사성 물질이 무너져 내릴 때 나오는 전자기파랍니다. 자외선, 가시광선, 적외선, 전파 등도 넓은 범위의 방사선에 포함된대요. 방사선은 DNA, 기관, 효소 등을 파괴한다고 알려져 있어요. 그러므로 방사선에 노출되면 암이나 피부병 등에 걸리기도 한답니다.

폴란드의 또 다른 위인, 음악가 쇼팽

프레데리크 쇼팽은 폴란드 출신의 세계적인 작곡가이자 피아니스트예요. 특히 피아노 협주곡, 마주르카, 폴로네즈, 야상곡 등의 피아노곡으로 유명하지요. 대표작으로는 〈녹턴〉, 〈즉흥환상곡〉 등이 있답니다.

폴란드 바르샤바에 있는 쇼팽의 기념물

PHOTO ALBUM

마리 퀴리

퀴리 부인이 태어난 집

퀴리 부인의 조국, 폴란드의 수도 바르샤바

어린 시절, 퀴리 부인과 형제들

자전거 여행을 즐겼던 퀴리 부부

퀴리 부인 사진첩

퀴리 부인이 라듐을 연구하던 작은 실험실

퀴리 부인이 사용하던 라듐 연구소의 실험 기구

라듐 발견을 소개한 잡지의 표지

실험실에서 함께 연구하고 있는 퀴리 부부

퀴리 부부의 동상